*colección* **la pequeña biblioteca**

MARTÍN HOPENHAYN
ASÍ DE FRÁGIL ES LA COSA

MARTÍN HOPENHAYN

# ASÍ DE FRÁGIL
# ES LA COSA

**Grupo Editorial Norma**
Barcelona, Buenos Aires, Caracas, Guatemala, Lima,
México, Miami, Panamá, Quito, San José, San Juan,
San Salvador, Santa Fe de Bogotá, Santiago

Primera edición: Marzo de 1999
©1999. Derechos reservados por
Grupo Editorial Norma S. A.
San José 831 (1076) Buenos Aires
República Argentina
Empresa adherida a la Cámara Argentina del Libro
Diseño de tapa: Gabriela Rovassio
Impreso en la Argentina por Kalifon S.A.
*Printed in Argentina*

CC: 20925
ISBN: 958-04-4877-4

# CONTENIDO

ASÍ DE FRÁGIL ES LA COSA

Sólo una forma de salir del infierno: respirando.

*

El peligro de ahogarte en un mar de lenguajes. O más todavía, la tentación.

*

Lo irreal no es lo opuesto a lo real,
sino su lenguaje.
Lo banal no es lo contrario de lo profundo,
sino su fracaso.
Lo trágico no es el reverso de lo cómico,
sino su vecino.
Lo antiguo no es la negación de lo nuevo,
sino su futuro.

Así de frágil es la cosa.

*

Escribir es un fracaso casi seguro. Dejar de escribir es un fracaso seguro.

*

Obrar por la consistencia o por la contingencia. Poner el acento en la convicción o en la situación. Jugarse el pellejo por la meta anticipada o por la pasión imprevista. Tenso equilibrio.

*

Vida hay una sola y en ella a veces hay que darse el trabajo de vivir dos veces.

En la mitad puede haber ya de regalo una primera muerte.

*

Nada colinda con el vacío. El faro más próximo se levanta a prudente distancia.

*

De no contrabandear provisoriedad en el reino de la inmortalidad, un mal momento en ese reino puede ser muy mal momento.

*

Todo se curva y luego se circula. La vuelta circular de un día a otro, el viaje circular del polvo al polvo, la luz donde empieza la vida y el viaje a la luz al momento de la despedida. Todo busca su costura, la abraza, se abrasa en ella.

*

Por un lado, esta terca obsesión por vivir para algo más. Por otro lado, dejar de pensar en algo más. Todo se vuelve exceso en la romana de la sencillez, parquedad en la vara de la abundancia. Inconsistencia lúcida, sublime embotamiento.

*

Diferencias tenues: dejarse vivir por la literatura o dejar de vivir por la literatura.

*

El momento feliz del conocimiento: descubrir que uno sabe mucho más de lo que creía saber.

El momento humilde del conocimiento: descubrir que uno sabe mucho menos de lo que creía saber en otro momento feliz.

*

Escéptico obsesionado con la iluminación: descree para estar más liviano, ágil y atento ante toda posible epifanía.

*

Le seduce y atemoriza el desarraigo por la diversidad de perspectivas que se desatan cuando lo habita. Puede burlar, a través suyo, la engorrosa carga de la repetición. En esa mudanza experimenta a diario la ambigüedad que al hombre gregario sólo se le hace patente muy rara vez: vivir entre la ligereza y el abandono, ser nadie que rinde cuentas a nadie, habitar un pedazo de tierra que brinda todo y no promete nada, sabiendo que el equilibrio del sedentario es una mentira piadosa en que, sin abusar y sólo a ratos, conviene creer.

*

Tarde o temprano el camino se bifurca. No es accidente sino metabolismo. Siempre acechan el desgarro y la división. Más aún: sólo están allí para acechar.

*

La maldición de las imágenes es desvanecerse. El peligro de las imágenes es permanecer.

*

A qué tanta nostalgia: la unidad perdida es multiplicidad ganada. Tarde o temprano nos espera el despojo. La picardía no es eludir sino elegir el momento.

*

En busca de una cicatriz que embellezca el rostro, una inocencia que no sea pura, sino que regrese de la mácula.

*

Sobre el olvido: lo más involuntario o lo que más requiere de la voluntad, lo más inofensivo y a veces lo que más hiere, capricho que escapa al dominio de la razón, pero que acude en su ayuda cuando la razón lo reclama.

*

Crecer: agregar un nuevo registro en nuestra vibración, un nuevo registro que no anula nada de lo ya vibrado pero que lo recrea todo.

*

**Estratega de la autonomía.** Antes de aislarse se asegura una interioridad hospitalaria y desde allí contempla luego esta sequedad de sueños. Regresa a la ciudad natal y aprende a mirarla desde la altura, ajeno a su parpadeo capilar, allí donde todo cobra un matiz de irrealidad. Visita sin juicio esos rostros que hace mucho le fueron significativos. Los deja en seguida sin señal de desconsuelo. Se deshace de este instructivo antes de que se le vuelva inexorable.

*

Siempre es posible tomar atajos. Pero en esas economías de paisaje el alma puede acabar bebiendo su propia sed.

*

Difícilmente más gratuito que una caída en la ingravidez. Difícilmente más decisivo.

*

Sólo una cosa, pero *ya*: una choza donde el nómade no tenga que negociar para instalarse.

*

No concibo escribir con vértigo. Menos todavía concibo escribir sin la memoria del vértigo.
El lugar preciso es vago y angosto.

*

Por nada cambio
el sutil regocijo
de sentirme en confianza.

*

No ya el tránsito de un principio general a una acción concreta sino esta oscilación entre figura y fondo, este juego erótico entre magma y silueta. No tanto como el verbo encarnado, pero sí una laica epifanía.

*

Lo
su
til
es
e
nor
me.

    Lo
    le
    ve
    no
    es
    me
    nos
    real.

*

Cambiar de ser. Seguir siendo. Dejar de ser. Todo a la vez y con desenfadada armonía.

*

Lo profundo puede llegar a ser fangoso. Lo liviano no tiene por qué ser banal.

Hay cálculo sutil y sutil falta de cálculo.

*

Nada mejor que haber pasado ya por lo peor.

Nada peor que haber pasado ya por lo mejor.

Mitad felices, mitad desgraciados.

*

Como todo es absurdo, nada es absurdo. Si nunca hubo comienzo, menos podrá haber paraíso El único cielo es la entusiasta negación del infierno. La felicidad no está en pelear por alargarse sino en achicarse a gusto, amar esta gigantesca derrota de la pequeñez, sumergirse plácidamente en ella y en lo posible boca arriba.

*

Nada verosímil en un desapego indoloro.
Nada rescatable en un entusiasmo histérico.
Así de frágil es la cosa.

*

No hay un antes ni un después y desde entonces ya nadie tiene toda la razón. Cuesta distinguir entre la tierra y el mapa que de ella hacemos. Lo dijo Heráclito al negarlo: el súbito desgarro de lo múltiple en lo único, el inmoral abrazo del delito y el perdón. Como las premisas están contenidas en la conclusión, así también la verdad está contenida en la mentira.

De sólo pensarlo me irrumpe una eufórica vergüenza.

*

Si insisten en escurrirse las epifanías, proliferarán especulaciones y conjeturas, rodaremos cuesta abajo por la indiscriminada multiplicación de ritos de rápida obsolescencia.

Mejor no intimidar evidencias con esta urgencia por ellas.

*

Sólo llego a dar en el clavo cuando pienso de reojo.

*

Un cansancio que se queja es un cansancio y medio. Una euforia que se contagia ya son dos. Un dolor que se conversa es sólo medio dolor. Un pánico que se grita es casi triple pánico.

Una palabra más y sobraría una palabra.

*

Residir lo suficiente para ser, pero no lo demasiado como para tener que renunciar a seguir siendo. Amar las brechas, los intersticios, los patios de nadie. Para que estas tierras de siempre, las que ocupamos desde hace tanto tiempo, vuelvan a alojar su vibración original.

*

En la placidez pueden encontrarse el niño y el anciano, anverso y reverso de estas otras edades intermedias sordas de ansiedad.

*

En la paternidad habita un generoso desconsuelo.

*

Interiorizar sin inhibir. Exteriorizar sin deformar. Como pedirle peras al olmo: hasta que las suelte.

*

Con tacto no hay contacto.

*

Más que transgredir, profanar. No por hacer el mal, sino por exponerse a lo sagrado a través de la provocación, por sorprender la trascendencia en la retina de la perdición.

Para no desaparecer del todo, tener a mano la risa como espada y la danza como droga.

*

Proyecto vital: hacer lo que uno es. Pero eso como meta. Como camino, hacer un montón de cosas que uno no es, no como un error que se repite, sino como una verdad que al perfilarse va mudando su figura.

*

Para suturar la culpa, se dejó teñir por la culpa.

Para desangrar la pena, se deja tañir por la pena.

*

El dolor del cambio, el peaje del crecimiento. Como si pese a todos los fundamentos para estas metamorfosis vitales, en su camino siempre tuviesen un trecho de calvario.

Pasada la madrugada de la biografía, es todo un milagro renacer ileso.

*

¿Qué parte tuya fue dulcemente desflorada, mansamente arrojada a una segunda marea de la naturaleza, resurrecta después de un rodeo en que creíste, por error, que habías perdido el hilo?

¿Qué parte dejaste ir con dolor y duda, con el pánico infundado de no volver a recuperar todo lo que te llevó, precisamente, a dejar ir una parte con duda y con dolor?

Tranquila, respira.

# SUEÑOS DE TRIBU

Y entonces vinieron los maestros de la sospecha para decir que la cosa era al revés, que no era el alma la víctima cautiva en la prisión del cuerpo, sino el cuerpo el prisionero de un alma que le había cosido, a lo largo de siglos, la garganta, el corazón y los genitales. Vinieron a decir que el alma era un producto confeccionado por relaciones de fuerza, y que su verdadero nombre era superyó, falsa conciencia o mala conciencia. Anunciaron rupturas donde el desenlace real o simbólico debía ser, inexorablemente, un asesinato: el de Dios, el del padre, o el del burgués. La liberación, pensaron, necesita su dosis de violencia por parte de los que se liberan. Cierto es que por esa vía podía garantizarse la ruptura con una dominación concreta, y con una alianza concreta de dominaciones. Pero difícilmente podía liquidar el *tipo* de relación marcada por la dominación. Los maestros de la sospecha sabían que el asesinato tenía la fuerza requerida para invertir los términos de la lucha, pero olvidaron hasta qué punto ese asesinato podía perpetuar el *signo* que vincula a los términos opuestos de esa lucha. El paso de la sospecha a la promesa cristalizó en un salto al vacío: el anuncio de un despertar diferido a un supuesto futuro mediato, la indeterminación de un porvenir que tendría para sí el privilegio de actualizar lo que el presente mantiene reprimido, el camuflaje centelleante de nuevas escatologías. Y la marca crucial de estos tiempos de sospecha es que, pese al desenmascaramiento, el espíritu crítico y la progresiva urgencia por mayor libertad, los códigos del presidio siguen rigiendo en casi todas partes. Curiosa combinación de lucidez y embotamiento, de innovación y reproducción, de destreza y torpeza.

*

El pensador actual convertido en obsesivo del método. Se consagra sobre todo a estudiar *cómo estudiar*, a protegerse de otros más metódicos que él. En nombre de una "sana" cautela ha renunciado a la aventura del pensar. Se ha vuelto detective, árbitro y estratega del conocimiento. No escribe para provocar, sino para no ser refutado. Sus conclusiones versan sobre errores de aproximación y de sesgo en los que no es aconsejable incurrir. Sólo atribuye sentido a lo previsible. Le atormenta y disimula su falta de imaginación. Se engaña creyendo que esta carencia se compensa sabiendo más, registrando más, hurgando más. Cuanto más trabaja, más se ata a su debilidad.

*

El humanista contemporáneo postula la libertad *después* de haber sometido su conciencia a todas las exigencias de la crítica, a toda la lucidez y pesantez de la autocrítica. Un camino arduo e inacabable, una obsesión por fundir al faquir en el cuerpo del hedonista. Una insistencia mórbida en el autoconocimiento, una expectativa casi delirante de reencontrar la pureza después de remontar todas las heridas. Una libertad que pueda interpretarse, sin temor a equívoco, como *merecidamente adquirida* –aunque a su vez reconocida como precaria–, fruto de un prolongado trabajo empeñado en desenredar las madejas de la biografía personal y de la historia universal.

Se necesita pasión para recorrer tanto camino, paciencia para mascar este chicle libertario con esencia de calvino.

*

El conservador con su *pathos*: no el que se niega al cambio, sino el que anhela el eterno retorno de aquellos tiempos en que *cree* haber sido más feliz.

*

El moderno confunde el dominio de la utopía con la utopía del dominio. El postmoderno confunde la utopía del olvido con el olvido de la utopía.

¿Qué le pasa a la dialéctica que no logra dialectizar?

*

La vida moderna disimula su precariedad. Nos persuadimos de que en la magnitud de la obra se asegura la inmortalidad del autor. Rodeados de objetos henchidos de ingeniería, la muerte nos huele a anacronismo.

*

Al alargar la vida, la ciencia extiende el envejecimiento. No bien transcurrido el primer tercio de una vida media brotan en el cuerpo signos de deterioro, se hace más pesada la inteligencia, se complejiza el cuento. Más lento se vuelve el camino de bajada. Más tiempo para aferrarse o resignarse. Cambia el mapa y fuerza a cambiar la estrategia. Más inflexiones para pasar en limpio, y también para eternizar el borrador. Más oportunidad para el alivio y para el dolor. Hay que ponerse a improvisar sobre la marcha. Todo depende de uno, nadie enseña el camino a medida que se alarga.

*

Sobre la tibieza de los ataúdes en las tardes de verano quisiera descansar yo, y no dentro de ellos.

*

**Aforistas**. No fijan residencia. Habitan una región difusa entre el pensamiento y la escritura. Transitan por el filo fino que separa la precisión del concepto de la claridad de la imagen –el filo fino, y el doble filo–. Penden de hilos que a su vez controlan, oscilando entre lo fecundo y lo inocuo. La ambigüedad es su herramienta y su estigma. Todo lo miran de reojo, y así clavan el diente. Confían en la intuición: no porque no les falle, sino porque al menos una vez les ha dado buenos resultados. Temen más a la aridez que al error. No perseveran en las interpretaciones que usan. Hacen de la observación un estilo. Nunca tienen una idea clara de lo que van a decir. Pero poseen la extraña virtud de convertir su fuerza en forma, su disposición en tema. Escriben relativamente poco, y no obstante viven para escribir, no piensan en otra cosa que hacerlo todo con este material hecho de nada.

*

El escritor se arriesga a la lujuria de las palabras como el pensador a la lujuria de las ideas. De lo que se trata es de comer de las ideas y de las palabras sin dejarse arrastrar por ellas, manteniendo una digestión ligera. Comprometerse a distancia, eludir el autoengaño. Un oficio tan duro como cualquiera.

*

Oscilaciones entre el valor lógico y el valor ético del concepto de verdad. En el primer caso, verdad como *adecuación* –del concepto a la cosa–, como precisión en el juicio. En el segundo, verdad como *imperativo* de conducta –de honestidad, de autenticidad–. En ambos casos lo que se juega es un asunto de fidelidad: ser fiel a los hechos o fiel a uno mismo. El problema decisivo no radica en la discusión del valor lógico del concepto de verdad, pero tampoco en la discusión de su valor ético. El problema decisivo se vive en la situación límite donde ambos valores se oponen y nosotros, al medio, tenemos que optar.

*

Te despiertas un día, como lo hizo Nietzsche, y descubres que *todo aquello* a lo que atribuías valor absoluto carece de validez. Dedicas, como Nietzsche, el caudal que *todo aquello* despertó en ti, para reducirlo a su fragilidad, a su hipocresía, a su miedo. Utilizas, como Nietzsche, la fuerza que extraes de este desenmascaramiento para buscar en alguna otra parte un paraje que otorgue a tu existencia un sentido positivo, más allá de la desmistificación y del mero espíritu crítico. Al igual que Nietzsche te muerdes la cola, y todo lo que escribes se vuelve, a pesar tuyo, la sátira de tu propio proceso. Pero cuidado. Si quieres ponerte a la altura de Nietzsche, encárgate de hacer todo esto con estilo.

*

Una ética para la vida, una vida más *plena* que *buena*. No en la redención, no en la reconciliación, no en la superación definitiva. Una vida plena que vive la tensión, que vibra con la paradoja, que juega en lo provisorio, y que crece en salud, aunque no ilesa.

*

Ironía de los símbolos como fuente primaria del poder de unos sobre otros. Inventarlos fue fácil. Domarlos es difícil. Deshacerse de ellos es casi imposible.

*

Este hoyo en la tierra remite a un hombre a quien le dieron duro. Alguien empoza su sangre en una cuenca dibujada por esta cuenca que piso. Cada hendidura que cala en la tierra trae esta inevitable noticia.

*

La tribu se cohesiona en torno a una inviolable secuencia de gestos, una sagrada imitación de horas, un ir y venir de pasos ya vistos. Esa calendarización rebasa la esfera de la producción y de la contención, la sumerge en un vaivén que provoca y evoca el nacimiento, el crecimiento, el amor, la muerte, los poderes y los dioses. Bajo esta rutina prolija se cobijan constantes confirmaciones de pálpitos, verificaciones de un azar que se adivina sin tregua, señales que urden y pautan la respiración, la vibración y la percusión adosadas al cuerpo colectivo de la tribu.

Lo que la tribu más teme es precisamente lo que nosotros más buscamos en ellas: la proliferación de estos secretos, la indiscriminada multiplicación de ritos, la pérdida del compás, la descompaginación de las edades en noches de histeria.

*

Para la tribu el territorio propio tiene sentido mientras subsista el misterio de aquello que permanece sin recorrer, esa ignorancia *asumida* y poblada de misterio. Nosotros, los modernos, conquistamos nuestra paz sólo cuando tenemos la sensación de haberlo visto todo, desconocemos el placer de lo *no visto*. Hemos construido esta sed de humanos con pretensiones omniscientes, esta compulsión de hurgar, y a esa ansiedad pertenecemos. Es como si hubiésemos sido despedidos de aquellos remansos que alguna vez fueron tribales por una fuerza que aún no hemos tenido el valor de considerar: una fuerza que, por raro motivo, no hemos querido vivisecar con esta moderna curiosidad de exploradores.

*

Por su imagen de redondez y sencillez la tribu se ha ganado el respeto de la posteridad. No ya como lo irrecuperable, sino como el registro de una diferencia posible, algo que también fue una jugada real en la rueda del tiempo. En la vejez de la historia solemos invocar una cierta lozanía tribal para recordar que la comunión fue tan real como hoy es su lejanía.

Casi acudimos a un cierto *ideal* de tribu, reconstruido a la distancia, para a través suyo multiplicar las direcciones del tiempo, birlar su linealidad, retrotraer y desprender a voluntad.

\*

Una explicación tribal para la muerte. Todos los miembros de la tribu la comparten. Nadie sabe de dónde salió y poco importa su fundamento. Lo que cuenta –aquello por lo que la explicación es verdadera– es que gracias a ella en torno a cada muerto gira idéntico ritmo.

\*

Lo que hace a un brujo es la ostentación de sus poderes. Lo que hace a un sabio es la conciencia de sus limitaciones.

\*

De una tribu que lo quiere todo y que aún así no quiere que la dejen de querer. Una tribu de acróbatas de biblioteca que pegan saltos de pantera de un extremo a otro del tapiz, hacen la guerra por correspondencia, tarzanes de jardín que cuelgan de las frondosas lámparas de techo en los salones de los palacios de los mecenas. Una tribu inteligente y terca, ingeniosa y ridícula, que como última evidencia de su contacto con la modernidad dejará, probablemente, súplicas como ésta: "Por favor, señores, bajen la calefacción".

*

Ética para la crisis: apostar por el flujo entre la unidad y la diferencia, por el desgarro de lo uno en lo diverso, por la contorsión de lo múltiple en lo único. Asumir la propia plasticidad como única forma de ser incondicional a sí mismo.

*

Un estratega de la inocencia: con las piedras que sus enemigos le arrojan levanta una morada para recibirlos.

*

Politizando la salud: el burócrata como obsesivo, el militar como paranoico, la inflación como metástasis, el desempleo como anemia, el orden como metabolismo, la recesión como *surmenage*, el rentista como parásito, la explotación como castración, la impunidad como cáncer. La hipocondría como lo que es: almas sensibles en cuerpos opacos.

\*

El pluralista consecuente: según su punto de vista, habría que considerar todos los puntos de vista. Un orden fundado en la paciencia.

\*

Cuando las fuerzas del orden se convierten en el terror del orden no traicionan su destino. Por el contrario: lo realizan, lo llevan hasta sus últimas consecuencias. Es propio de una fuerza de orden poder llegar a serlo sin escrúpulo. Nosotros tratamos de olvidarlo, como si se tratara de un fenómeno vergonzoso. Y efectivamente, lo es.

\*

Para la paz se necesitan cuerpos ligeros, temperamentos acuáticos, espíritus dispuestos al vuelo: dando por sentada una inverificable reciprocidad, con una confianza desmedida en el despegue de los demás.

\*

La impertinencia de Nietzsche fue enfrentarnos con el doble filo de la moral: la moral como gregarización y la moral como individuación. En la primera se ampara el poder, se enroscan los súbditos. Los une un pacto subcutáneo, un impulso contra todo lo que resiste docilitarse. El excéntrico de Nietzsche apuesta por la otra cara de la moral: desenrosca a los súbditos por medio de la provocación, desampara al poder a través de la ironía.

\*

La inmoralidad con que el poder nuclear se atribuye una moral. Lo que más perturba no es que el hombre haya desarrollado poder para hacer volar el planeta, sino que lo haya hecho en nombre de una moral.

\*

Razón instrumental/razón infernal: Hiroshima no era indispensable para frenar a los nipones. Ya estaban derrotados, era cosa de días o semanas. Pero había que probar la bomba. Era un invento grandioso como para no contemplarlo en toda su extensión.

*

La fuerza de la paz, su osadía, su prodigalidad, su trabajo, su aprendizaje, su difícil sencillez, su hábito, su desnudez y su camino, la sutil curvatura de su recta.

*

### PRIMERA SENSACIÓN

Sensación de que por tratarse de hurgadores compulsivos desconocemos el placer de lo *renunciado*, de que no podemos despegar de nuestra carne esta sed de omniscientes, y de que hace ya mucho extraviamos los remansos de la complacencia y nos sorprendimos remando en esta ansiedad por experimentarlo todo.

Sensación de que nos sedujo y asustó una fuerza sin nombre todavía, de estar ahora y tal vez siempre a mitad de camino, a la vez bendecidos y condenados a una

plenitud ocasional, premunidos de una sana –prudente– dosis de exceso que también es funcional a nuestro
metabolismo.

Sensación de ser lejanos herederos de nómades sin
lenguaje, y también de una sedentaria imposibilidad de
despojarnos del lenguaje. Sensación de que esta tensión
guarda un misterio, puede llegar a deparar otras certe-
zas, abre puertas a medida que las inventa.

Sensación de que sólo esta humana especie animal
pudo inventar, armonizando cordura y locura, un lugar
sin precedentes al que nombra *ideal*. Sensación de que
ese Ideal nos quiere semidioses, espera perfecciones
mortales, sólo se conforma con una obra plenamente
*lograda*.

Sensación de que en semejante caso la ilusión tendrá
que servir de catapulta, y de que la verdad está en neutralizar la pretensión imperativa de cualquier verdad, y
más todavía: sin perder la esperanza de devenir místi-
cos *después* de esta muerte de Dios. Sensación de que
nos llegó nuestro tiempo a los agnósticos y paganos y
que es factible habitar esta efímera existencia con chis-
pazos de extática evidencia.

Sensación de que no el radicalismo sino el relativismo
nos dispensa la apertura para tentar suerte en
distintas frecuencias de energía: sea epopeya de la

revolución, expansión de la conciencia, o singularidad de los márgenes.

Sensación de no haber colgado del todo los guantes, de andar buscando, pero ya sin apuro de llenarlo todo de un solo saque y sin querer hacerlo tampoco: sin renunciar a esta *excavadora de espíritus* que vanidosamente llamamos perspectivismo.

Sensación de atizar con nuestra inteligencia personal una elusiva inteligencia colectiva, y de llevar largo tiempo curtiendo una singularidad que requiere, para curtirse, vivir una y otra vez el combate entre su parte de rebaño y su parte de cabra solitaria. Sensación de una diferencia trabajada, y que a la vez sólo como diferencia elaborada, convencida en su diferencia, puede recuperar su naturalidad.

Sensación de comunión con lectores que puedan reconocer como propias al menos algunas de estas sensaciones, lectores que lean aquí retazos de su propio pellejo. Sensación de comunicación *a priori* con aquel que mira hacia acá desde el hueco sin fondo de la lectura, y que al mirar hacia acá, ve un lenguaje en que coletean algunas de sus propias cavilaciones.

Sensación de agrietarnos al unísono, coincidir en algunos pálpitos, mirar el escenario desde sillas contiguas. Sensación de alcanzar la tibieza de la pertenencia en medio de esta vocación por la diferencia, o al menos tocar esa tibieza con alguna recurrencia. Sensación de equidistar entre la luz y la noche, y anotar un saldo que cuadra exactamente lo vivido. Sensación de que es así como resollamos sobre el suplicante lomo de este texto: curtidos y diestros, con un resto alegre y claro de lozanía bajo este vendaval de grietas.

Y que una sutil justicia nos lleva a reconocer todas estas sensaciones, y una salomónica dureza nos priva de tantas otras.

# ESA DUDOSA LUCIDEZ

Toda esperanza necesita su infierno.

*

El caso Kafka. Busca una mano que le acaricie maternalmente el pelo, mientras el brazo de donde nace le
rodea el cuello, sofocándolo paternalmente. Sus rodillas se doblan con sospechosa naturalidad ante la mirada de los demás. No es capaz de mentir, o demasiado
capaz. Escribe precisamente sobre ese temblor de rodillas, *en* ese temblor. Kafka ha debido nacer de sus
rodillas, vivir y morir también de ellas: sus rodillas-pulmones, sus rodillas-metáforas, sus rodillas-verdugos. La
escritura de Kafka y la certeza de este cuerpo, la
inhóspita certeza.

*

El delirio es como un remontar hasta la verdad última
de todo en cada cosa que te ocurre, por insignificante
que sea. Una obsesión por lo ontológico, un imperativo
moral por no ceder ante ninguna circunstancia. El delirio como límite borroso entre la enfermedad y un exceso
de salud.

*

Para catapultar el delirio: abandonarse, provocar esta temida orfandad, no ser indulgente ante el lamento de lo familiar que huye. Disipar la viscosidad del delirio transfigurando la locura en lucidez, el abandono en libertad.

*

El escepticismo, esa dieta de la inteligencia.

*

Corrosiva sensación de escribir cosas que no valgan la pena, sobre todo si uno pretende justificar su existencia por medio de la escritura. Sentimiento del ridículo ante la idea de que lo que escribo sea un experimento con el lenguaje. No me molesta que lo sea, pero me asusta que no sea sino eso. Es peor de lo que se cree. El miedo no es a ser mediocre, sino a no ser.

*

Como genio que es, no busca eludir la repetición a la que su neurosis lo precipita, sino premunirse de una neurosis que le garantice *repeticiones inéditas*.

*

El ingenio, esa *hernia* de la inteligencia.

*

El loco. Sus abismos son sus eslabones.

*

Interpretar es arrancar sentido. Violencia necesaria.

*

El espíritu seco que con sus lágrimas empaña la lujuria ajena. Ojo con él. Puede convencer a cualquiera de que en toda felicidad hay un fondo de engaño. El espíritu seco que difícilmente se equivoca.

*

Tras una euforia sin motivo suele haber una salud exuberante o una preocupante debilidad. Todo depende del ángulo por donde se curve.

*

A la larga el pensamiento siempre encuentra recurso para rescatar al pensamiento de la sordera del pensamiento.

*

En cada punto de nuestra vida tenemos que renunciar a vivir una variedad indeterminada de posibilidades de vida. Al codicioso, este ahorro le parece un derroche.

*

La cruel sabiduría: sólo revela lo inaccesible.

*

El infierno como extrañeza irremediable ante lo otro: sensación de que siempre será infructuosa la búsqueda de vestigios de familiaridad y, al mismo tiempo, imposibilidad de abandonar dicha búsqueda. Pero en el infierno nadie cae. Sólo se cae en el miedo a caer en el infierno.

*

El vértigo se apodera de nosotros cuando un impulso extraordinario cambia nuestra perspectiva de la realidad. Dos alternativas: o sucumbir aplastados por el vértigo, o encumbrarnos en la nueva perspectiva. En cuanto a la segunda, ninguna garantía de lograrlo. Si la hubiera, no habría vértigo.

*

Al mirarse en nosotros el Ser se ríe de sí mismo.

Pero no lo suficiente como para hacernos desaparecer.

*

Por la forma en que mira hacia el futuro se ve que le angustia su libertad. Como si ella también fuese un pecado, pero a diferencia de los otros pecados, en éste tiene que fijar él mismo la penitencia.

*

Sólo dentro de una pedagogía sin concesiones (generosa, pero despiadada) el infierno podría aceptarse como experiencia didáctica.

*

La *ocurrencia* como capricho fecundo, arbitrariedad benigna, fuga del ser hacia el pensamiento. Su aparición puede ser más relevante que su contenido, siempre que no aspire a la inmortalidad.

*

Vivido intensamente, el nihilista es su propia negación. Se mira a sí mismo desconfiado con los ojos de un sí mismo entusiasta. No cree. Pero lo hace plenamente, es decir, con fe.

*

Para ahuyentar al suicida latente que habita en ti recurres a esta experiencia de perspectiva: aíslas tu obsesión paranoica, y le ofreces un apoyo incondicional que no tardará en hacerla desaparecer.

*

Bajo esta delgada superficie del texto yace una espesa capa de locura agazapada.

La cordura es sólo un detalle de textura en el que casi todos coinciden.

*

Paradojas que matan: entregar es perder, abrir es exponer, ahorrar es desperdiciar.

*

La ambigüedad no como indecisión, sino como decisión de no querer perderse nada.

*

Amar la diversidad pero no el engaño. La obsesión por las máscaras, no para olvidar el rostro sino para preservarlo a través de las máscaras. Máscaras que no mienten, pero que tampoco delatan del todo. Encarnar las máscaras mirando el mundo a través de ellas, a través de cómo esa máscara de turno podría mirar el mundo. No esperar que la máscara desfigure el rostro, sino que lo exacerbe. Aprender a ver con los años el cambio de máscara en el rostro ajeno. Ver en cada máscara la metáfora de un rostro, en cada rostro la promesa de una máscara.

*

Una buena capacidad de adaptación es señal de inteligencia propia. Una excesiva capacidad de adaptación revela falta de confianza en la propia inteligencia.

*

El nómade *diluye* su residencia en la huida: el sedentario *clava* su existencia en el hogar. "No puedo saltar sin caer después", se lamenta el nómade. "No logro permanecer sin empantanarme", agrega el sedentario. El aire del nómade es liviano pero frágil. La tierra del sedentario es firme, pero densa.

¿Hasta cuándo cargaremos con estas tipologías de perdedor?

\*

Disyuntiva entre intensidad y estabilidad. Difícil aceptar el hecho de tener que convivir con esta disyuntiva, no poder apartarla de la vista. La tentación entonces es dejarme llevar por la corriente, y que gane lo más fuerte. Pero lo más fuerte es la disyuntiva misma, y regreso a ella como el caballo al establo.

\*

La balanza del perdedor: de un lado, la fatalidad del orgasmo; del otro lado, la medianía del sosiego. La transgresión como felicidad posible, como desgracia efectiva.

\*

La traición como efecto de un amor incontrolado hacia su objeto, una lealtad que peca por su singularidad. El ejemplo de Judas.

*

La caída sincronizada de Dios y de nosotros. De nosotros, por transgredir una prohibición divina. De Dios, por inventar prohibiciones destinadas a transgredirse.

*

**Pecado original.** Origen del camino de regreso (no hubo tiempo para el camino de ida, ni siquiera para saber que íbamos de ida), comienzo de una madeja que se enreda en el comienzo: por medio de un capricho divino el mal asume la forma de un bien, pero prohibido.

*

Lo terrible de la tentación es el remordimiento que procede cuando uno cede a ella. Lo condenable de la tentación es no ceder a ella. Lo admirable de la tentación es la generosidad con que uno se quiere cuando cede a ella. Lo incomprensible del remordimiento es la generosidad con que uno se castiga por haber cedido a la tentación.

*

Una tentación nunca puede ser sólo una trampa. Lleva demasiada consideración por los gustos propios del sujeto a tentar, como para ser *sólo* una trampa.

*

De algunas religiones no me molesta que se conciba la identidad individual como una ilusión. Me molesta que se interprete esa ilusión como error, ese error como un mal. Antes que abandonar mi identidad para romper el cerco de lo ilusorio, prefiero abandonar la religión para impedir que la moral me corroa este material ilusorio, estas mentiras entusiastas con que me construye una identidad verdadera.

## LA VOLUNTAD DEL DESEO

*A Salka*

Quisiera desanclar aquí una lucha y también una tregua por la felicidad, un velorio entusiasta, una fricción placentera que juegue a liberar la carne del espíritu que la vuelve densa, y de paso liberar al espíritu de su propio juicio sobre la carne.

Quisiera retener la vulnerabilidad de la piel, la fragilidad de la sangre, la fugacidad de los rostros, y la tremenda fortaleza que subyace a lo fugaz, a lo vulnerable y a lo frágil. Quisiera abrir puertas imaginarias para acceder a sitios reales, a sitios que están allí precisamente porque está en nosotros el poder de abrir puertas imaginarias.

No busco explicar nada. Sólo quiero sorprender en la máscara, cualquiera que sea, la expresión que la lleva a posarse sobre este rostro, y no otro.

*

La belleza inventa siempre un transitar entre lo real y lo posible, entre el deseo y el hecho consumado, entre el dolor y la eliminación del dolor. Este tránsito no es percibido como tal, sino como un universo completo, más allá del cual no hay nada y dentro del cual la vida mantiene su mayor tensión. Este es el engaño de la belleza, su franqueza.

*

Helo aquí eufórico y a punto de ingresar en un tiempo de errática fecundidad. Por precaución aleja de sí, antes de empezar, a quien desconfíe de este terreno arenoso donde la realidad se confunde con sus virtuales derrumbes. Nada de exponer a otro, contra su voluntad, a esta delicada confusión de vida y literatura.

No vaya a ser que por su culpa, una vez más, alguien salga mal herido.

\*

La santa embriaguez, a cuya luz toda condena de los excesos no es más que un exceso de sensatez.

\*

La droga: tentar transfiguraciones hasta mirarle la cara a lo indeterminado. De tanto barajar descripciones, de repente ese reposo flotante que no sabes si te gusta o asusta.

\*

Cuanto más débil la carne, mejor refleja el espíritu.

\*

Quiere una realidad donde la carne y el espíritu se unan en los extremos, y donde sólo en esos extremos sean evidentes tanto el uno como el otro: más carne será cuanto más se caliente, y más clara será entonces la manifestación del espíritu. Epifanías en medio del extravío persigue este místico lascivo.

*

Arrancarle al tedio las palabras, curtirlas con tal tenacidad que sólo pueda voltearlas un áspero viento, ese arenal del desierto que se levanta contra toda perseverancia en nombrar. Viento que el ritmo del tiempo deja caer para recubrir los epitafios con hojas todavía húmedas, pero donde ya nada puede leerse.

*

Quiero arrojar evidencia sin obviedad, usar recursos histriónicos que liberen estados auténticos, inventar una retórica al margen pero al borde del efectismo, encajar las aristas de la verdad en los dedos de los guantes de la belleza.

*

No la invención *de* la palabra sino *con* la palabra. No su origen sino su fuerza para originar. No la raíz, sino la incandescencia.

*

¿Desde dónde esta pasión que no se explica con la mentada química de los cuerpos, tanta evidencia en carne tan efímera, mirada que supera al ojo con tanta desmesura, orgasmo que la biología explica en tan modesta proporción, emoción tan frágil como irrefutable? Revelaciones chúcaras, arañazos de Dios en la Tierra.

*

Amor que libera y densifica, salva y desconcierta, fisura y repara, hace vacilar los cuerpos con tal de despabilar las raíces.

*

¿Cómo desembarazarse de esta tozudez que no acepta la fugacidad de las cosas? Uno insiste en retener, contra todo sentido común, la sustancia del destello. Y contra todo sentido común se arranca pedazos de la propia carne para poblar ese sueño irrepetible: para contemplar, desde una delgadez creciente, la obesidad de una pasión cuyo recuerdo sería tanto más grácil que su perpetuación.

\*

Hay sangre ciega y carne que no pega el grito. Sexo que no lubrica y piel que nadie suda. La contención se cuela, coloniza, reseca.

\*

Dice que la edad lo volvió riguroso y que entonces ya no puede amar, que se ha vuelto demasiado exigente, demasiado perfeccionista para amar. Y yo me pregunto si con tanto rigor, tanta exigencia, tanto perfeccionismo, puede acaso perdonarse una vida en que no ama.

\*

Sólo a la bendita culpable de mi vértigo, la amiga real que al menor descuido transfiguro en mi imaginaria hermana incestuosa. Sólo a la morena que iría riéndose conmigo hasta la perdición, que es capaz de aplaudirme en las caídas más groseras, a esta celestial impureza, la acuática y carnal que nunca lo duda cuando se trata de mi salud y nunca se asusta cuando se trata de mi locura.

¿Viste Salka que eras tú?

*

Continuidad del cosmos, mar de ritmos. Ebrios de lamentos y goces, los hombres no pierden el compás. Salvo por exceso de compostura.

*

Defensa rimada de la masturbación:
    Inclaudicable acto
    de máxima coordinación
    entre la loca imaginación
    y el modesto tacto.

*

Casi sin ganas escribe después de aquello. Pasado el solitario descontrol y después de haberse dejado sucumbir por él, ya en posesión de un elemental discernimiento. Pero todavía en el umbral de la puerta que separa ese extravío de esta ubicación en el mundo, allí donde la fantasía aún no pierde del todo su eficacia, justo en la bajada de ese deseo inconfesable, donde es posible aproximarse a expresiones que suenan a lo que son, vincularse al lector en una sintonía casi visceral. Y celebra con ligera distensión este momento en que la resaca arroja restos de humedad, aromas dudosos que poco a poco pierden su animal fragancia.

Apenas rozando el teclado para transcribir esta banal confesión de onanista.

*

Nada desnuda tanto como una sobredosis de pudor.

*

Pensar la voluptuosidad: no como exceso ni como patología. Pensar la voluptuosidad como síntoma, como síntoma que no lleva a ninguna enfermedad.

*

A propósito de un amor no correspondido: Nada más humillante que la inseguridad del niño de vuelta en el adulto. Esa impotencia sentida tan fuera de lugar, tan a destiempo. Como si tantos años de aprendizaje en la mentada autosuficiencia se fueran por la borda ante la insensibilidad de quien se ha instalado justo en el lugar de nuestra mayor sed.

*

¿Quieres sacrificarlo todo, lo que has levantado en el trabajo de años, el sosiego de la madurez, el suelo seguro, la rutina donde ya no te equivocas, deshacerlo todo para volver al primer amor? ¡Hazlo, por favor, hazlo! ¡Pero recuerda que en el primer amor estuvo también la primera humillación, y que ésta también está dispuesta a renunciar a todo para volver a vivir!

*

Ojo
   entusiasta
      busca
         aterrizar
            sobre
               cuerpo
                  hospitalario

*

Te resistes a amar. Hay algo en el viento, en la vigilia inflexible que te dice cada tanto: "ama, y te perderás". Y tú le crees, y tienes razón. Pero también hay algo en el follaje, en el oleaje que te dice: "nada serás mientras no te pierdas."

*

Miedo a que el amor de una mujer no te deje ser. Miedo a no poder ser sin el amor de una mujer. Miedo a esta paradoja.

*

¿Quieres renunciar a amar a *una* mujer porque tu amor es a toda la Humanidad? ¿Significa eso que estás dispuesto a perderte los detalles, sacrificar los matices, embarcarte en un romance sin rostro ni gestos, querer a todos al precio de no gozar de nadie?

*

En busca de un amor que sea más sólido cuanto menos rígido, un amor que no pretenda justificar la existencia, amor a cuya luz toda justificación se vuelva caricatura de la existencia.

*

Para que este amor sobreviva, ojalá permanezca inacabado.

*

Vuelve del amor y el sudor ajeno con la sed de una intimidad perfecta donde sólo cabe ella misma, su reflejo y su sombra. Allí quiere ser su propio secreto, última complicidad con su propia piel, que no cede más que a su tacto. Y fracasa. Cada vez que se repliega sobre sí misma descubre, desconsolada y fría, que la soledad más pura no posee sombra.

*

Ella entrega su cuerpo al vestido que disimula su cuerpo, al vestido que revela su cuerpo, al vestido que ciñe y resalta sus pechos. Su vestido inventa un cuerpo que ella no posee del todo, un cuerpo que ella desea que otro cuerpo desee. Se entrega al hombre que su vestido seduce, que la seduce por su vestido, que al apretarse contra ella y poseerla sólo quisiera poseer el cuerpo que inventa su vestido. Mientras ese cuerpo deseado, que no es totalmente el suyo, goza bajo el calor del cuerpo del amante, su verdadero cuerpo vigila, escupe hacia adentro, llora una virginidad arrepentida.

*

En busca de un amor que no obligue a la fidelidad sino que la provoque. Un amor donde la fidelidad no se desprenda de nada que sea ajeno a ese amor, un amor tan pródigo que sea capaz de sacrificarse a sí mismo cada vez que entra en el juego un amor más grande. Y que ese amor más grande, llegado el momento, pueda ser igualmente pródigo.

*

El lenguaje abyecto entre dos amantes infieles al momento del coito: la expiación de la pureza, la urgencia por mantenerla viva.

*

Nos adherimos a nuestro pasado como dos amantes que viven en países distantes y que se exaltan el uno al otro a través de las cartas. Del pasado nos aleja un tiempo que, por cercano que sea, es siempre inconmensurable. A los amantes los separa la distancia, nunca del todo irreversible. Con el pasado uno también puede escribirse cartas. O mejor dicho: uno convierte la memoria en escritura, en adioses que se abren paso, en palabras de amor por lo vivido. Y como en la correspondencia de los amantes, uno siempre le anuncia a su pasado una próxima visita, un encuentro definitivo para el que hace planes de toda índole.

*

La nostalgia como salida fácil: a lo ya pasado no tenemos que convencerlo de nada.

*

Rimbaud, el poeta insensible, aburrido, desenamorado. Hecho para no ser feliz: si lo aman se hastía, si no lo aman se desangra. Escribe porque se desprecia y por olvidar ese desprecio. Sus versos son campanas, impecables ataúdes de inocencia. Su exuberancia: renunciar a la poesía cuando ésta todavía ilumina su vida, antes que empiece a consumirla.

*

### *post-scriptum*

No estaría de más un acelerador de mariposa para echar a correr este vértigo abdominal, un primaverazo en pleno estómago.

No estaría de más volver a amar con ojeras, remontar contra la corriente este tibio ordenamiento, brincando por encima de nuestras apacibles renuncias hasta rehacer lo que la terca prudencia deshizo. Confundir el entusiasmo con la verdad, lo fugaz con lo irrefutable, lo aparecido con lo imprescindible.

No estaría de más arrojarse a una pasión con duelo incluido –¿qué pasión que se precie de tal no tiene duelo?–, abandonarse al galope suicida de la sangre convencido de que la vida sólo se muestra al interior de ciertos suicidios, adolecer sin cálculo, consagrar el presente a la anticipación de encuentros virtuales con rostros y manos no menos virtuales.

No estaría de más remontar el tedio cuesta arriba, remar las ganas cuesta abajo hasta alcanzar la parte más vulnerable de sí mismo, exponer la propia carne a un abrazo equívoco y a un desencuentro inequívoco que la deje huérfana de toda otra carne, flaquear contra lo ajeno por ser tan ajeno, desparramarse sin excusa, cabecearse el sueño de otros por amor al arte.

No estaría de más anclarse en los gestos minúsculos, en las señales gratuitas, en las miradas reconstruidas desde afuera y a destiempo. Quedarse allí como si nada, como si por allí pasara todo el aluvión de lo vivido. Acecharse uno mismo, renunciando eufóricamente a toda lucidez posible, a bordo de un naufragio seguro en una fecha vaga pero próxima.

No estaría de más invertir causas y efectos, meter a contrapelo la escalera en el ascensor, el toro en el patio de la casa, la desnudez en la camisa. Caer en desgracia y atribuirlo a los dones de la gracia, empantanar la propia ansiedad con un golpe de ala. Saltar por la ventana sólo para golpear la puerta por fuera, con la frenética ilusión de volver a entrar a quemarropa en la propia adolescencia.

No estaría de más recorrer estos incendios hechos de agua y salvar de los escombros un recado ambiguo, un mensaje de aire, una ruina que habla de su pasado remoto. Cabecear fuera de juego con toda la emoción de gol, remar citas imaginarias hasta incrustarlas contra viento y marea en el oleaje del día. Comerse todas las imposibilidades de ser y no saciarse y luego volver a intentarlo con más convicción y menos fundamento.

No estaría de más gastarse en estas cosas, fumarse hasta el vapor, pagar cuentas de vida o muerte que a nadie le cambian la vida, volver al paraíso sólo para salir disparado una vez más, pero con una fuerza inédita. Obcecarse en este regreso hacia adelante, en este camino desconocido con desenlace conocido.

No estaría de más perder el tiempo ganado, derrocar la sensatez con un exabrupto de cintura, cambiar raíz por mariposa, historia por vértigo, pacto por arrebato. Despeinarse la calvicie con resaca de ciclón, afeitarse la mejilla más beata sólo para provocar un follaje que aloje y enrede. Pegarse la voltereta del año en un desfiladero. Llegar al punto de escribir imágenes seudopoéticas como éstas, poco sutiles y bastante toscas, con la pretensión de decir algo que no cambiaríamos por nada.

No estaría de más arrimarse a esta manía por la velocidad, a este coqueteo con la muerte, a este desgaste glorioso y sin provecho. Ser torpe en la destreza, diestro en la torpeza, raocarse las grietas con una curiosidad de niños que creíamos haber despoblado hace mucho tiempo. Ser este sinsentido en el que todo se convierte en máxima expresión, en despedida absoluta, en perfecta asimetría.

No estaría de más dar un paso en falso y reverdecer en el exceso, subirse al corral de otro, usurparle la mamadera y vivir su pataleo con toda su impotencia. Apostar al tejo pasado hasta acabar de bruces en el cielo, cuadrar un círculo vicioso en un círculo virtuoso y habitarlo como quien no quiere la cosa, o como quien la quiere demasiado.

Todo esto no estaría de más. Pero tampoco estaría de más lo otro: cuidar y regar toda la cosecha que se arriesga al zambullirnos en todas estas cosas que no estarían de más. Ávidos de esto y de lo otro, buscamos acaparar la pasión y el cálculo, la serenidad y el desborde, lo aparecido y lo construido. No estaría de más jugársela por esta avidez.

# LA CUECA DEL EGO

Se jacta de ser un occidental mal asumido, un judío escéptico que no termina de instalarse en la tierra del pecado.

Cuanto más se aleja de la naturaleza, más pura y casta es su sensación de irrealidad.

Su paranoia lo ha llevado a creer sólo en cosas que pueda creer a medias.

Se las ha tenido que ver con un mito de integridad mal entendido, en virtud del cual inventa explicaciones por cosas que otros pasarían de largo, y sepulta verdades que sólo pujan por ver la luz.

Aunque si hubiese que rendir culto, se queda con la belleza antes que con la verdad.

Envidia a quienes tienen buen gusto y a aquellos que, aun teniendo mal gusto, lo tienen claramente definido.

Pero a la vez mira todo con un ojo de espectador, al punto de descuidar la moral en los momentos que más se le reclama.

Sólo se permite derrumbes parciales y de ágil recuperación.

Todo lo saludable le produce una enfermiza nostalgia.

Por su ligereza respira, por sus evasiones sangra.

*

Se siente culpable por lo que hizo. Le irrita sentirse culpable por lo que hizo. Se odia por la rabia que le provoca sentirse culpable por lo que hizo. Se compadece al ver que se odia por la rabia que siente al sentirse culpable por lo que hizo. Se desprecia por la compasión que le inspira el odiarse por sentir rabia ante la culpa que siente por lo que hizo. Se teme por el desprecio que le provoca compadecerse por el odio que le despierta sentir rabia por la culpa que experimenta ante lo que hizo. Pero una cosa le asombra de sí: la *variedad* de efectos que ante él se despliegan por lo que hizo, la *eficacia* con que se corroe, su espontánea *capacidad* para provocar semejante reacción en cadena. Evidentemente, la expiación ya está hecha.

*

Oscilaciones periódicas entre el descuido de sí y el miedo a enfermarse. Tal vez se aferra a este movimiento porque no le convence una *estable* relación con su salud. Exponiéndose ensaya su personaje, asustándolo lo moldea.

*

Le gusta transfigurarse pero no acepta que cambien las cosas. Proclama el cambio mientras da de comer, en su sangre, a un conservador plañidero. Con una mano levanta el devenir y con la otra, en el bolsillo, da cuerda al desencanto.

*

Por la alta valoración que le tiene a la movilidad de su espíritu y la ligereza de su cuerpo, diríase que es un libertario. Pero se aferra a esa movilidad, daría todo por perpetuar esa ligereza, sólo quiere que nada cambie con tal de atizar esa fogata. Así se vuelve conservador.

*

Prolijo en su casa. Desbaratado afuera. Hipócrita consecuente.

*

Renuncia a la responsabilidad de crear nada, de creer nada, de croar nunca; a la obligación de pesar nada, de pisar nada, de posar nunca; al deber de tener nada, de teñir nada, de tañir nunca; al compromiso de velar nada, de valer nada, de volar nunca; a la promesa de coserse nada, de cazarse nada, de casarse nunca; al pacto de parirse nada, de pelarse nada, de pararse nunca.

Sólo sabe que escribe que es el que es quizá.

*

No logro concebir mi "yo" como unidad ni como suma ni como síntesis, sino apenas como un desgajarse, una cáscara dentro de otra, una cascada de la cabeza a los pies, una orientación en borrador.

*

No me inquieta descubrir un sinnúmero de miradas que subyacen a mi forma de mirar. Sí me inquieta saber que la cantidad de esas miradas sea siempre *indeterminada*.

*

Si el yo no es más que una descripción que uno se hace de sí mismo para poder pararse de algún modo frente a esta otra descripción que es el mundo: ¿Quién estaba allí, innombrable o desnudo, para llegar a aceptar esta descripción como sustancia de su yo? ¿Quién había en uno antes de esa descripción, y cuánto de ese que había hay todavía, sosteniendo la descripción que de sí mismo se hizo, para que no se pulverice ni vuelva a fundirse en el indiferenciado océano de las descripciones posibles? ¿Con qué descripción se las arreglaba uno antes para no desaparecer –o acaso se las pudo arreglar en algún momento sin descripción alguna–, y qué lo llevó a decidirse por esta otra descripción? ¿Qué pánico o placer lo llevó a inventarse esta descripción y no cualquier otra, a fin de preservar algo de ese placer original o neutralizar una parte de aquel pánico? ¿Quién había en ese hueco que luego recubrió la descripción, y de qué estaba hecho uno entonces? Y si había un hueco –y si lo hay todavía– debajo de la descripción: ¿De qué está hecho ese hueco como para revestirse con este traje que ha elegido para describirse?

\*

Todo ánimo yace, en todo momento, mínimamente habitado. Ninguna vibración del alma que no se esté representando ahora, al menos en modesta interpretación.

Hasta las perchas se intercambian trajes en el closet cerrado.

\*

"Acéptate como eres", le dijo. Y él respondió, casi por instinto: "¿Y si yo soy, precisamente, de un modo que no se acepta a sí mismo, también tendré que aceptarme ese modo?" Largo rato anduvieron en este diálogo de sordos.

\*

Me gritó: ¡No seas tonto, aprovecha tu vocación, húndete en la escritura!

Yo no le dije nada, yo le miraba su joroba.

\*

Mucha convicción con poca verdad es un error que tarde o temprano se paga, pero siempre es más la fuerza interior que esa convicción, mientras se tuvo por cierta, pudo irradiar en su portador.

\*

**Sé tú mismo**. ¿Significa que no puedo ser nada que no sea yo, que no puedo convertirme en nada, que debo guardar mi lugar vaya donde vaya, que seré idéntico a lo que siempre he sido, que me conozco y que al conocerme sigo siendo el mismo, de manera que puedo ser yo todavía, que cada acción mía remite a todas mis otras acciones, que no puedo hacer otra cosa que tomarme en serio, que soy uno solo dentro mío? ¿Y después de tanta consistencia, qué sitio queda para ese otro que forzosamente soy?

*

Suicidio inadmisible: se rocía con miedo y culpa porque le dijeron que ya no es el mismo de antes.

*

La edad enseña a no renegar de lo atávico. A cada uno, un atavismo singular que lo rondará hasta el final. Ese amigo/enemigo: silencioso, leal, eficaz.

*

El depresivo que en todo cree reconocer un no sé qué de final de fiesta. Su vista se tuerce hacia la perspectiva que nunca descarta la peor de las perspectivas posibles. Tiene la llave para relativizarlo todo, pero insiste en encajarla en el candado que cierra esa misma posibilidad.

*

Procesar en mal sentido, masticar lo que no alimenta. El peligro de que la autoconciencia se convierta en industria para la contaminación de la conciencia. Y para colmo, en nombre del crecimiento personal.

\*

La tentación de tensar la percepción siempre un poco más, experimentar siempre otro poco, más adentro, un poco más adentro, cada vez un poco más cerca de la evidencia y también del fuego de la evidencia, siempre quemándose un poco más, con el fuego de esa visión llagándose, consumiéndose en brasas por culpa de esta percepción que tontamente tienta.

\*

Por una vez en la vida jugar al bufón. Ridiculizar las cicatrices que no cierran, las llagas encendidas, las más recientes humillaciones. Concentrar la inteligencia en la punzada de la ironía y en la perfección de la burla. Con esta virulencia, infundir respeto al bufón.

\*

Complejo del inédito: volver una y otra vez sobre todo lo que ha escrito con la obsesión de recuperar cada parte, rehacerlo todo para que *todo* sea publicable algún día. Tiene el poder de inmortalizar cada uno de sus textos, la debilidad de no acabar con ninguno.

*

Como escritor no me interesa persuadir sino reflejar, prefiero señalar antes que dirimir, insinuar antes que convencer, seducir antes que interpelar.

Sólo espero interpretar sentimientos de los demás a través de la descripción minuciosa de los míos. No busco lectores cautivos.

*

Quisiera tenerme confianza.
Pero me da vergüenza.
Como si me masturbara
a la vista de otro.

*

Cierta desvergüenza en descubrir la animalidad dentro de uno. La vergüenza posterior no se refiere a la animalidad misma, sino sólo a esa cierta desvergüenza que acompaña su descubrimiento.

*

Estar en paz: aceptar *maternalmente* lo que uno menos quiere de sí mismo hasta hacerlo desaparecer *naturalmente*.

*

De cómo usar a tu peor enemigo como aliado: deja que explote tus debilidades a tal extremo que acabe con ellas.

*

Sólo tengo para defenderme las mismas uñas que uso para rascarme. Y para colmo, mientras más las limo menos me sirven.

*

Me saboteo la posibilidad de una apertura que *siga* abriéndose. El narciso que dentro de mí se complace y congratula con sus logros, los resblandece luego con la indulgencia.

¿Cómo perdurar en esta luz sin relamerse?

*

He aquí de golpe este agujero instalado en medio de una existencia que suponías consistente. El agujero, lo sabes, lo olvidas, vuelves a saberlo, es el filo trasnochado de tu organización interna. Es la condición misma que buscas sepultar bajo las estrategias diurnas, tras el artificio de enderezar la espalda y responder por tus promesas. En rigor te llamas agujero, por allí te excavas, te columpias entre el estoicismo y la morbosidad.

*

Quiere independizarse a tal punto del juicio ajeno que, llegado el momento en que se le pregunte a qué consagra su vida, pueda responder sin arrugarse: me preparo, sólo me preparo.

*

Tan relajado que dispuesto a dejarse reemplazar.

*

Antes de saltar a la sala de los redimidos quiere todavía reflejar un poco más el derrumbe –cosa de irse sin nada susceptible de reconstruirse–. Le tiene un cariño pérfido a la decadencia que siempre lo frena al momento de saltar. "No importa", se dice, "tanto más frene ahora, tanto más saltaré después."

*

El esoterismo regala el derecho a mirar todo con otros ojos, esa forma singular de libertad. Mitiga la vergüenza, conjura la reserva. No exige el alma a cambio de la transfiguración. Ayuda a despedirnos de nuestras propias historias, y hasta amortigua el dolor de esas despedidas. Nos embriaga el tránsito con nuevos cuentos, nos aligera el viaje con su orgía de posibles interpretaciones. Pródigo en mapas de la mente, benévolo en sus símbolos. No tiene otro riesgo que la autoindulgencia.

*

El voto de silencio introyecta definitivamente al interlocutor. No hablar sino hacia ese espacio ingrávido que nos habita dentro, poblar ese melómano interno con mensajes sin completar, diálogos contradictorios, los más variados timbres de voz. La "yoificación" del que escucha, la absolutización de la voz propia, la pretensión de imitar a Dios en esta muda soberanía.

*

Una autoexpansión serena, un abrirse sin pompa, un redimirse sin Dios. La epifanía terrenal que a cada cual revela su singular soberanía.

*

## Casi nadie se va de su sitio

El animal que guardamos dentro nos sigue prevale- ciendo pese a todo este inventario de artefactos y relatos y parentescos que levantamos sobre esta tierra que sigue siendo la misma donde hace mucho sólo transitaba, en su opaca desnudez, ese animal que guardamos dentro. Bajo todo este despliegue de humanidad –y casi protegi- dos por ese mismo despliegue– yacen incólumes nues- tros territorios, sitios sorprendentemente básicos donde anidan nuestros antepasados y los cuerpos que más calor nos han dispensado.

Por supuesto que también nos tienta la idea de salir, visitar sitios de otros y sobre todo conocer lugares don- de todavía nadie ha ocupado un sitio propiamente suyo. Pero tarde o temprano casi todos regresan, algo cansa- dos y con un efímero entusiasmo por lo aprendido, a ese punto que hemos previamente acordado con noso- tros mismos como lugar de retorno. Algún día, nos decimos de maneras diversas, algún día ya no nos hará falta ningún lugar de retorno.

No es que haya que objetar el sitio de cada cual. Todo lo contrario: en ese sitio hay exactamente aquello que cada cual ha hecho con su sitio. Tal vez el sitio ha sido prefigurado por la parte más animal de uno, precisamente aquella que más interés tiene en disponer de un sitio.

Pocos se van de sus sitios por mucho tiempo.

Algunos creen haberlo dejado atrás para siempre y lo reencuentran, inexplicablemente, en el otro extremo del círculo del horizonte, en un lugar que parecía irre-ductible a todo sitio anterior. Algunos logran tirar de la cuerda lo suficiente como para soltarla de su sitio, pero luego se espantan ante esa ingravidez que cargarán por un largo tiempo. Algunos desanclan el bote y al alejarse de la costa lamentan no poder vaticinar, en su danza tan personal, un próximo reencuentro con esa playa que hacía de regazo y que ahora esquiva la mirada que busca retenerla desde cubierta.

De una manera u otra casi nadie se va de su sitio.

De los que se quedan, los afortunados habitan su sitio sin fisuras, lo llevan dondequiera que vayan, con todo el inventario adentro, al punto que nunca salen a ningu-na parte, no tienen el menor interés en otros sitios ni en lugares vírgenes de sitio, gozan de una animalidad claramente arraigada dentro del humano y que encuentra plena satisfacción en habitar su sitio. Felices están de poseer un territorio que les brinda un placer a la medida del animal, de su bestialidad y ternura, su salvajismo y resignación.

Los que se van se llevan las últimas flores que brotaron en el sitio habitado por tanto tiempo, las conservan frescas y las usarán de sahumerio en una nueva vuelta de la vida. Con frecuencia también se conceden la libertad de mirar hacia atrás, cosa de no olvidar con quienes crecieron y quienes hasta cierto punto perduran siempre dentro de ellos. También esa forma chúcara de tristeza los acompaña, les tiñe el alma con cierto color de despedida que tampoco está mal sino todo lo contrario, les da un sustancioso gusto a vivido.

Algunos dejan su sitio sólo para encontrar otro sitio que, habiendo llegado más tarde en la caída del tiempo, exhala un olor más antiguo.

Tienen el cuerpo vuelto hacia adelante.

En todo caso, casi nadie se va.

# LICENCIA PARA FLAQUEAR

Sensación de que en esta ciudad la torpeza de los cuerpos no es más que el baile de los que piden perdón siempre, gesticulan disculpas y agradecimientos siempre, sin haber hecho nada nunca. Sensación de que hay alguien que anda oxigenando culpa por ahí, como si la culpa fuese sana y deseable, y como si el acto mismo de oxigenar, sin importar qué, lo librase de sus propias culpas. Sensación de levantarme, luego de un sueño denso, sólo para ver a ese tipo que es todo fiesta dentro de mí acercarse y pegarse un tiro. Sensación de que alguien siempre viene de pegarse un tiro, de que uno siempre está al medio de algo, y de que es tan ridículo tener miedo como no tenerlo.

Sensación de que todo lo que uno pueda decir de positivo sonará a slogan o lugar común, pero que a la vez ser positivo es un compromiso moral y un hacer político a los que por nada debemos renunciar. Sensación de que el escepticismo es lúcido pero obnubilante, y que la luz de la crítica acaba por incendiar todo lo que ilumina. Sensación de que en tiempos de sombra la palabra de los cuerpos se aloja en la contorsión, en la mueca, en el rictus o en la cicatriz, pero rara vez donde más quisiéramos: en la cadencia despreocupada del andar, o en ese desliz de cintura que urge desprivatizar. Sensación de que la sensualidad no es condición suficiente, pero sí es condición necesaria para una revolución cuyo objetivo incondicional sea cambiar las cosas de lugar.

Sensación de que el poder –filoso– de las armas y el –romo– poder del mercado han grabado sus marcas en nuestra piel, nos dibujan señales en el rostro para distinguirnos o mezclarnos a distancia, nos poblaron brazos y piernas con un alfabeto que no entendemos o no compartimos, pero que sigue allí, desenroscado sobre nuestra propia línea de fuego. Sensación de que somos de agua, y como tales nuestra combinación es fluir y derramarnos, salpicar y ser navegados, mojar y ser bebidos, ahogar y saciar la sed de los demás, transitar entre recipientes al acecho de una residencia que insiste en postergarse.

Sensación de que en la expectativa misma de alcanzar la adultez hay algo que humilla, que en virtud de esa adultez todo mérito recae sobre la abnegación, todo descrédito sobre lo que desborda. Sensación de que el buen tino, la prudencia, el pudor, la templanza, la discreción, el control, la compostura, fueran la carne misma de un poder que amasa y domestica los cuerpos, y de que los cuerpos acaban pidiendo a gritos *ese* poder y ningún otro. Sensación de que para vivir se trata de mantener la casa presentable y la distancia inflexible, se espera que uno preste menos importancia a la revolución que al agua goteando en la cocina.

Sensación de que a la larga el nihilismo va perdiendo su exotismo, de que en medio de la confusión aparecen los pragmáticos, anotan prolijamente sus conclusiones, invitan con aparente ecuanimidad a darlo todo por el mal menor y a eliminar, en nombre de este mal menor, cualquier bien que lo amenace. Sensación de que cada vez que alguien invoca ese mal menor, con esa invocación se sacrifica lo interesante en aras de lo correcto, se identifica lo correcto con lo que hay. Sensación de que la vida se está poniendo sospechosamente aburrida y, lo que es aún peor, el aburrimiento es bien visto.

Sensación de que la pasión y la ciudad no se cruzan en ninguna parte, y de que esto es aceptado como una ley de la naturaleza. Sensación de que sólo la constancia y el equilibrio aseguran la redención, pero nadie sabe de *qué* hay que redimirse, y a nadie le importa *en qué* puede uno ser constante o *entre qué* debiera guardarse el equilibrio. Sensación de total desproporción entre responsabilidades que no terminan nunca y libertades que nunca comienzan, y que esta desproporción ha sido minuciosamente pensada, diseñada y hasta gozada por quienes tienen el poder de revolcarse en el poder. Sensación de que ya no sabes si leer estas líneas de soslayo o tomártelas en serio, precisamente porque la cosa se pone seria cuando uno se acostumbra a mirar de soslayo.

Sensación de que es falso el divorcio entre forma y contenido y entre doctrinas y procedimientos; que las formas *provocan* contenidos, que los procedimientos *encarnan* y *producen* doctrinas, que la sustancia está en los matices y la verdad se juega en los detalles. Sensación de que lo más radical yace en la manera en que me miras, la premura con que te desplazas, la convicción de tu abrazo, el silencio que fabricas para tu amor o tu desamor, el rigor con que ordenas o desordenas tu tiempo. Sensación de que tanto insistir en la sensación, tanto rebotar en lo epidérmico, puede parecer trivial, culinario, pretencioso, vacuo o exactamente al revés: preciso, inusual, franco, penetrante, pleno.

Sensación de que tú, lector, padeces todas estas sensaciones, y que también, como yo, te ves atrapado en este tejido de inacabables mares. Porque también eres de agua, y de estas palabras retienes una humedad inconsistente pero real, terca pero clara, cruda pero amable.

*

No es sino a tientas que busco palabras que no pongan distancia, un balbuceo que sobreviva a la supuesta lucidez del habla, un lenguaje-llave que ayude a salir de esta jaula que es el lenguaje.

*

Si le das de comer al desamparo que circula dentro de ti, acabará devorando todo lo que dentro de ti circule. Si lo privas de alimento podrá hacer exactamente lo mismo.

Mejor protegerlo con una nutritiva indiferencia, aligerarlo con un olvido atento.

*

Si sufre por mí, sufro por su sufrimiento. Si no sufre por mí, sufro por su olvido.

¡Por sus juicios, por sus juicios, sobre todo por sus juicios!

*

Desafina por culpa de su terco temor a ser oída.

Demasiado caliente o fría, según cómo le toque defenderse.

No puedes confiar en ella mientras te siga imaginando mordiéndole la nuca.

Involuntaria sombra, terca compulsión.
Paranoia sombría y fogosa paranoia.
No ya el eterno retorno,
sino la interminable repetición.

*

Sólo el paranoico es capaz de transgredir con más intensidad que el moralista.

*

El resentimiento como enfermedad del tiempo, un pasado enquistado en el porvenir, perspectiva miserable de la acumulación.

*

Soportando la atronadora sordera de la locura, su aceleración perversa y su blanco sudor, su griterío omnisciente atrapado dentro de uno, su bocinazo puertas adentro, ruido sin oxígeno, babeante ausencia de paisaje.

*

Me despierto en mitad de la noche con dolores de articulación en muñecas y tobillos, problemas de circulación en manos y pies, alteraciones en el pulso; todos aspectos de mi cuerpo que, como cualquier mal de viejo precipitado en un cuerpo joven, son también metáforas probables de otros aspectos de mi cuerpo que, en el otro extremo de la biografía, siguen enfrascados en sus proporciones de niño.

*

El inconsciente suda frío y sordamente hierve.

*

Cómo no desbastarme ante dos verbos que se mueven igual, pero que anidan en dos extremos: *temblar, vibrar.*

*

La sola idea de perder la integridad moral te produce arcadas, ganas de no volver a levantarte. Más lo piensas, y más aborreces esa larga lista de antepasados, esa genealogía contradictoria que te clavó en el cuerpo el imperativo de niño bueno, de adulto honesto, y al mismo tiempo te forzó a soñar con una libertad incondicional y terca: una genealogía que se te hizo carne y que ahora se inflama o se chupa según cuánta responsabilidad estás dispuesto a asumir por tus actos, y según cuánta irresponsabilidad toleras dentro tuyo antes de empezar a sentirte perdido.

*

Miedo a *más*: a desbordarse, a rebalsarse, a desparramarse. No es la auto-expansión lo que temo, sino la viscosidad que pueda resultar de ello.

*

*Fracasar* es habitar una habitación que uno no habría habitado de no ser porque en la *otra* habitación, la que sí habría habitado, no encontró a nadie para recibirlo ni tenía piso, había que construirlo todo *ya dentro* de la habitación, y eso habría provocado tal dolor que fue preferible el fracaso, la mudanza a otra habitación que uno no habría habitado de no ser porque en la otra habitación, la que sí habría habitado, no tenía piso ni nadie para recibirlo…

*

Impotencia cuando escribe. Le parece que nunca *inventa* un ritmo, que se limita a *subirse* en ritmos ya creados, pilotearlos por un rato, arrancarles giros oportunos y hasta lúcidos, sorprender con paradojas que luego se olvidan con otras paradojas igualmente efímeras, contrabandear elegancia y despistar con evidencias que el ingenio presenta como si fuesen hallazgos.

Pero no, a qué engañarse, nunca inventa un ritmo.

*

Uno no sólo está hecho de partes, sino también de partes contrahechas.

Uno quiere conciliar los distintos unos dentro de sí, pero para eso tiene que imponer su uno conciliador sobre los demás.

Uno espera descubrir la dicha de la reunión en algún

lugar, y encuentra el vértigo al reconocer que ese lugar lo inventa uno.

Después de lo cual, para no perderse, se amarra uno a su deriva.

\*

Locura es libertad boca abajo, refugio en la caída. Sólo le falta devenir hospitalaria.

\*

Mordiéndose la cola: en busca de una plenitud autoconsciente. El infierno no está en el otro extremo, sino en esa distancia minúscula, infranqueable, entre la plenitud y la conciencia.

\*

Miedo a lo que amenaza con estallar en la cabeza, por más que te digan que nunca lo hace del todo: a un posible derrumbe que de ahora en adelante podría acompañarte donde quiera que vayas.

Miedo a un nunca más y peor aún: a un eterno todavía.

\*

Cada vez que muere siente morir menos que en su muerte precedente. Aunque tal vez esto mismo sea un modo de morir: una muerte decreciente que poco agrega ya a las muertes precedentes.

*

La renuncia a ahondar como opción última: no el miedo a vivir, sino una posible estrategia a la que lleva haber vivido.

*

**El amargado**. Sólo reconoce indulgencia en la comprensión, cobardía en la tolerancia, falsedad en el entusiasmo. Sólo atribuye rigor a su ironía, franqueza a su agresión, antídoto a su veneno. Sólo se afirma cuando objeta, se nutre cuando succiona, se eleva cuando degrada.

Si pudiese ver la autocompasión que nutre su amargura, se objetaría sin tolerancia, se degradaría sin indulgencia, sólo tendría entusiasmo para succionar su veneno.

*

Normativa de la mala conciencia: ser inocente de todo, menos de la propia conciencia. Ser consciente de todo, menos de la propia inocencia. Usar la libertad para negarse, la agilidad para expiarse, la visión de futuro como joroba del presente. Unificarse contra la diversidad de los demás, no por amor a sí mismo. Ser indulgente en la acción, sobre todo cuando no hace falta. Utilizar la compasión como vehículo de la crueldad, no como su reverso. Ser tan predecible como el humo de un incendio en un lugar sin agua.

*

Me pide que la apoye en toda la desgracia que, según ella, yo mismo he provocado en ella. Y yo tengo que escindirme en su amigo y su verdugo, abrazarla con este cuerpo mío poblado de puñales que tendrán que encajar exactamente en sus heridas, lo necesario para colmarlas pero sin rozar nada en ella que yo no haya herido previamente. Y soy yo, y no ella, quien se desangra en este contrasentido.

*

Más patético que depender de una llamada de teléfono es simular que entre tanto uno hace otras cosas, pretenderse relajado y como olvidado de esa llamada de teléfono que ansiosamente espera y, peor todavía, como queriendo convencer con esto a aquella otra persona cuya llamada uno ansiosamente espera, como si aquella otra persona estuviera viéndolo desde ya, a través del cable de un teléfono que, patéticamente, todavía no suena.

*

*Mujeres cartógrafas.* Con el contorno de sus cuerpos diseñan mapas íntimos pero claros : mapas con fronteras, rituales, señales de amor. Mapas cuya geografía limita siempre con el vacío, más allá de la cual parece no haber nada, al menos cuando se mira desde dentro del mapa. Los hombres transitan por estos mapas, señorean sus tierras y a veces experimentan un vivo sentimiento de dominio. Por momentos alteran la topografía, provocan marejadas y con ello creen que han ganado una guerra o burlado al cartógrafo. Pero el mapa lo trazan las mujeres, todo está ya marcado en la partida –esto se decide de la manera más expedita y primaria, sólo quien es capaz de llevar a otro en sus entrañas tiene la facultad de concebir estos mapas y darles vida–. Para nosotros, los hombres, esta mediana alegría de saber que no hay dos mapas iguales.

La mediana alegría, y la sorda ansiedad.

*

Herir y seguir bailando, confiado en que uno sólo provoca heridas remediables. A medias niño, a medias sano, a medias ciego.

*

De la cosecha de la culpa:
    "Mi infierno es reconocerme
    como el motivo de tu infierno."

# VII. RELATOS FINALES

Le preguntaron dónde estaba la verdad, y él respondió: "está allí, *adentro* de ustedes". Se miraron entre sí por un instante (ellos, que lo habían seguido por años) y luego, como si tuviesen prisa, se desgarraron la piel, se abrieron las grasas, se desencajaron los músculos. Pero allí *adentro* no encontraron la verdad: sólo vísceras sangrantes y órganos a punto de desencajarse. Volvieron a preguntar, indignados y agónicos, por qué los había engañado, por qué él, siendo maestro y ellos sus discípulos, les había mentido. A lo que el respondió, sin alterarse, pero triste: "Yo no he mentido. Pero hay verdades que matan."

*

Cuando mueren los cuerpos, las almas regresan al mar. La vida y la muerte como el paso entre la tierra y el agua. La arena es un osario pulverizado, una gigantesca reserva de materia vital. En la rompiente se entrecruzan los que vienen y los que se marchan, se abrazan emocionados, por un brevísimo instante se borran las diferencias. En el fondo insondable del océano yacen amontonadas, unas sobre otras, incontables almas que aguardan la convocación para salir a habitar nuevos cuerpos. Las más impacientes alteran el orden de llegada y de salida. Así nacen las marejadas.

*

***Un tipo torpe.*** Para pasar por la vida sin desesperar del todo decide planificar cada paso. Después de lo cual no hace más que tropezar, pero tranquilo, con un dolor prolijamente calculado. Y no bien vuelve a ponerse de pie anota su próximo movimiento, su prevista caída, su justa consecuencia, mientras saluda con entusiasmo a quienes pasan corriendo a su costado.

\*

***Fábula del adulado.*** Durante años H. vivió de las adulaciones con que X., Y. y Z. pretendieron someterlo. Hasta que un día X., Y. y Z. resolvieron probar sus fuerzas. Citaron a H. en casa de X. y le increparon a coro: "No vales nada, te engañamos con elogios para amarrarte a nosotros, y ahora te vamos a abandonar."

H. los oyó en silencio, y tras una breve pausa contestó prolijamente, como si por años tuviese previsto el caso. "Amigos -comenzó-, sea cual sea el motivo que los impulsó a halagarme con tanto entusiasmo y durante tan largo tiempo, debo reconocer que me siento muy complacido por ello. Durante este tiempo no he conocido el sufrimiento. Los elogios me han embriagado con una vitalidad que difícilmente hubiese podido conocer sin ellos. Poco importa que fuesen verdaderos. Han elegido ahora el momento más oportuno para revelarme la verdad de esos halagos, es decir, la mentira que había en ellos. Porque a través de ellos ya he conquistado una confianza irreversible. De aquí en adelante, nada podría sustraerme esta potencia construida en base a mentiras. Lo que ahora han venido a confesar no son, pues, mis debilidades, sino las de ustedes, de modo que no soy yo quien tendrá que ocuparse de ellas."

Dicho esto H. abrió la puerta y desapareció tras ella.

*

*Un rabino.* Se despierta una mañana y, al momento de afeitarse, descubre en el espejo una barba crecida hasta el pecho. Le gusta, y su imagen le recuerda a la de un rabino que vio una vez, de niño, en casa de un compañero de colegio. Nunca había pensado en el rabino. Pero ahora no es un vago recuerdo sino una presencia clara que, cuarenta años más tarde, se intercala en su vida. Siente al rabino sobre el propio rostro, detenido en un domingo de su infancia. Sale a la ciudad y todo cobra una densidad inusual. En las miradas de los demás cree sorprender una sospechosa transparencia, una suavidad inofensiva que los torna poco verosímiles. La calle le devuelve una tibieza inédita. Se siente importante, casi decisivo. Al atardecer, de regreso a su casa, descubre en el periódico de la tarde su nombre en el obituario. La vida de los muertos, piensa, tiene su curiosa hermosura. Cierra los ojos y le agradece a la muerte este último día, ese desinteresado regalo, esta imagen de sí mismo que la vida nunca tuvo la generosidad de brindarle.

*

*El geómetra*. Tiene la compulsión de medirlo todo en la ciudad sin penetrar en nada, archivar estos datos en una memoria que no comparte con nadie. Conoce las calles por sus simetrías y asimetrías. No le interesan las habitaciones o los jardines que se esconden tras las fachadas y las ventanas que observa por sus metros cuadrados, el número de ladrillos, la distancia entre maceteros que se divisan en los balcones. No encuentra nada sugerente en los objetos que relaciona. Su obsesión es lo llano, lo mecánico, aquello que puede medirse sin ayuda de nadie. Cuenta los pasos entre faroles, la extensión de las cuadras, el ángulo de luz sobre los escaparates a distintas horas del día. Posee su ciudad de una forma exclusiva, una forma insípida y gratuita.

Nada de lo que sabe puede interesarle a otro, y esto lo tiene bastante tranquilo.

Pero sueña a veces que se encuentra en una ciudad distinta. Debe llegar con urgencia a un lugar y su único punto de orientación es un roble, un árbol de grandes copas que ha vislumbrado en otros sueños menos apremiantes. Recorre la ciudad y comprueba, angustiado, que está plagada de robles y que todos ellos poseen grandes copas, todas de la misma espesura, bañadas por el mismo ángulo de luz, situadas a la misma altura. Cae la noche y se sienta desconsolado al borde de una acera. Dentro del mismo sueño se despierta, exaltado y sudoroso, y corre hacia el exterior para reconocer su ciudad, aquella que ha cuadriculado por años. Pero vuelve a aparecer en una ciudad extraña, con árboles idénticos, y sabe que tiene que repetir el mismo itinerario infructuoso hasta volver a despertar en un tercer sueño, idéntico al anterior.

Recién en el noveno sueño comienza a reconocer algunos matices, troncos más bellos, la armonía implícita en sólo algunos balcones, flores que son únicas por la embriaguez en su perfume, esquinas más crepusculares que otras. Desde allí tiene que emprender el camino inverso, remontar los nueve sueños hacia atrás y llegar hasta su propia imagen desconsolada en el borde de una acera y susurrarse al oído que lo peor ya pasó, que ya no quedan más sueños dentro del sueño, que el verdadero despertar está por llegar y que entonces podrá olvidar el horrible costo de salida: la belleza, el perfume de las flores, la orientadora simpatía de las cosas.

*

Platón decía que el asombro es la condición que hace al filósofo. Pero una noche, mientras dormía, el fantasma de Parménides –que era y no era Parménides– se le apareció en el sueño y le dijo:

"Si te asombras, caro Platón, entonces estás entregado en cuerpo y alma al objeto de tu asombro, extasiado frente a su presencia al punto que ya nada puedes pensar. Pues es lo propio de esa emoción provocar una total ausencia de ideas. Y si nada puedes pensar, de más está decir que no eres filósofo, porque el pensar es lo propio de la filosofía. Ahora bien, supongamos que algo piensas. Si así fuere, o bien no estás asombrado, y luego, por lo que tú mismo razonas tampoco eres filósofo, o en rigor estás pensándolo una vez que has perdido el asombro. De ser así, lo que piensas carece de validez, pues el asombro nunca es igual a su recuerdo. De este modo, al evocar el objeto de nuestro asombro estamos utilizando la imaginación, creyendo que usamos la percepción. En otras palabras, nos engañamos. Y si al filósofo atañe pensar lo real y verdadero, quien se engaña no es filósofo. Como ves, no hay forma de hacer filosofía si ponemos como condición necesaria de ella el estado de asombro."

Habiéndose marchado el fantasma de Parménides, y con él también el sueño de Platón, éste se precavió de ocultar el argumento bajo la almohada, dio vuelta la cabeza y siguió durmiendo. A la mañana siguiente ya no recordaba nada.

*

**El inútil.** Cuando le dijeron que su lugar era otro, en algún rincón del país, pero que su lugar era otro, que no lo buscara de este lado del horizonte sino mucho más allá y en lo posible en un sitio sin árboles, cuando le dijeron que él no era de acá, que no servía, que se marchase sin discutir, que su lugar era otro, cuando lo empezaron a empujar con las manos, un montón de manos de todos los sexos y tamaños que se cerraban contra él y lo amenazaban porque su lugar era otro, cuando los demás se multiplicaron de golpe y él se achicó bajo su chaqueta porque tenía miedo y no alcanzaba a comprender mientras le gritaban que su lugar era otro, en lo posible un sitio frío sin árboles, cuando sintió zapatos sobre sus zapatos, jirones de su pelo en las manos crispadas de los demás, nudillos sobre sus párpados que le borraron el paisaje y todo porque su lugar era otro, porque le dijeron, sí, me consta que le dijeron que no servía y él, el muy loco, no se quiso ir.